ILLÉGALITÉ ET INIQUITÉ

DU MODE

DE RECENSEMENT GÉNÉRAL

ORDONNÉ PAR LE MINISTRE DES FINANCES.

PAR AUGUSTE PORTALIS,

DÉPUTÉ DE SEINE-ET-MARNE, CONSEILLER A LA COUR ROYALE

DE PARIS.

Les quatre Lettres suivantes ont été publiées dans le *Courrier de la Côte-d'Or*, et reproduites en tout ou en partie dans plusieurs feuilles de Paris et des Départemens. Elles ont été écrites un peu précipitamment et à la campagne, et l'on doit y voir surtout le désir qu'avait l'Auteur de mettre sur-le-champ les Contribuables en mesure d'apprécier une question qui était à l'ordre du jour, et qui les intéressait au plus haut degré.

PREMIÈRE LETTRE.

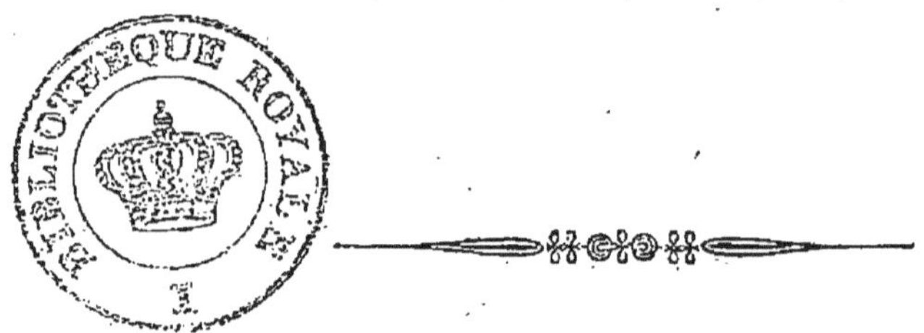

On m'a demandé plusieurs fois, en ma qualité de membre de la chambre des députés, s'il avait été question au sein du parlement, du recensement général en matière de contributions directes, et si les modes d'exécution imaginés par M. Humann y avaient été discutés et approuvés. Les émotions ardentes de la population de Toulouse m'avaient empêché de répondre, parce que le bruit ne prouve rien, et qu'il faut craindre d'encourager le bruit; mais aujourd'hui que le calme est partout rétabli, que le *Moniteur*, dans son numéro du 25 juillet, présent mois, discute sérieusement la légalité et la moralité des mesures du ministre des finances, et que l'on voit surgir de tous côtés des protestations sages et des oppositions d'autant plus énergiques qu'elles sont plus froides, je dois répondre que les prétentions du ministre des finances, M. Humann, sont non-seulement illégales, mais iniques, et que l'on fait et l'on fera bien, non assurément de menacer et mettre en fuite les fonctionnaires de l'ordre administratif et judiciaire, mais d'opposer un refus absolu de concours et une persévérante force d'inertie à des mesures téméraires et injustes que les trois pouvoirs de l'état n'ont pas même soupçonnées.

Veuillez remarquer que je ne dis pas que le recensement général en matière de contributions directes soit une mesure illégale ou mauvaise; je pense le contraire, et je ne conteste pas au gouvernement le droit d'y procéder; mais le mode de recensement imaginé par M. Humann n'est pas un dénombrement sage et raisonné des hommes qui constituent la force du pays, et des matières imposables qui constituent la richesse publique : c'est une sorte d'inquisition étourdie et fiscale. Le recensement de M. Humann n'est point la répartition raisonnée et prudente des charges publiques sur tous les habitans, eu égard à la protection dont ils ont besoin : c'est une sorte de poursuite ou de chasse confiée aux agens du fisc, sans caractère légal et reconnu, avec des menaces s'ils ne font pas lever le gibier, et des récompenses s'ils rapportent. Enfin, ce mode de recensement, loin de pouvoir jamais être un soulagement pour aucun contribuable, est une aggravation et une surcharge de l'impôt direct, établie sans le concours des chambres.

On a dépensé, l'année dernière, plusieurs dizaines de millions sans avoir daigné s'adresser à l'appareil constitutionnel et représentatif, qui ne manque pourtant pas de complaisance; et cette année on a la prétention de percevoir des millions sans avoir besoin du concours parlementaire. Les lauriers du précédent ministère semblent avoir empêché MM. Guizot et Humann de dormir, et ils ont voulu prouver l'inutilité de certaines choses, et leur propre puissance, à l'aide d'une dernière et plus décisive démonstration.

Ce n'est pas légèrement et sans discussion, que j'entends qualifier les mesures fiscales de MM. Humann et Legrand de système illégal, inique, inquisitorial, avide et inconstitutionnel. Mais cette première lettre est assez étendue. Je m'engage à traiter successivement chacun des caractères de la mesure dont il s'agit, et à justifier chacune de mes qualifications; et dès à présent il est bon qu'on sache que ce n'est pas sans raison que des hommes sages et sensés, des corps municipaux respectables, ont condamné sévèrement un ensemble déplorable de mesures fiscales que les chambres n'approuveront certainement jamais, et qui ont été enfantées dans un jour de malheur, pour le trouble des populations et la confusion de ceux qui nous gouvernent et nous administrent.

DEUXIÈME LETTRE.

J'ai dit en premier lieu, et je maintiens, que le mode de recensement général ordonné par M. le ministre des finances est illégal, et il me sera facile de le prouver.

La loi des finances de 1832, art. 31, a prescrit un recensement général qui devait comprendre les propriétés bâties, les portes et fenêtres, les individus passibles de la taxe personnelle, les patentables, et les valeurs locatives.

Le ministre des finances était chargé de l'exécution de cette mesure ; mais il ne lui était pas loisible de changer les moyens d'exécution consacrés par les lois, les mœurs et les habitudes, et par les précédens, et surtout d'en choisir et indiquer de contraires au bon sens, aux lois et à la morale publique.

Il faut observer d'abord que ce recensement général n'a aucun point de ressemblance avec les recensemens annuels, qui ne sont que des éditions plus ou moins rectifiées de l'opération primitive, et que le recensement général est précisément destiné à servir de nouvelle base à la répartition de l'impôt.

Cela posé, qu'a fait M. Humann à l'occasion du recensement général ? Il a donné des instructions officielles dans une circulaire du 25 février dernier. Après avoir dit *que les recettes ne sont plus au niveau des dépenses ordinaires, et qu'il est urgent de prendre des mesures pour obtenir des impôts existans tout ce qu'on doit en attendre,* il a enjoint aux agens des contributions directes de procéder au recensement.

Et qu'on me permette, en simple parenthèse, de comparer le style ministériel avec le texte suave des proclamations de certains préfets et fonctionnaires, lesquels déclarent qu'on ne veut qu'alléger les charges publiques en les *équilibrant;* et de demander: *Qui trompe-t-on ici?*

Le ministre joint aux véhémentes injonctions qu'il adresse à ses subordonnés, des objurgations non moins véhémentes à tous les fonctionnaires dont il réclame le concours.

La pensée du ministre n'est point équivoque : mais s'il y avait quelque incertitude sur la nature des moyens qu'on entend employer; le directeur des contributions directes, M. Legrand, se charge de faire connaître en détail le nouveau système financier.

Le 26 février dernier, lendemain de la circulaire ministérielle, le directeur des contributions directes adresse à ses employés une lettre dans laquelle on lit: « L'état de » nos finances exige que l'on demande aux impôts exis- » tans tout ce qu'ils peuvent produire... Les contrôleurs » ne peuvent suffire seuls pour les opérations du recense- » ment; ils seront aidés par les *percepteurs...* A leur ar- » rivée dans les communes, les contrôleurs se présenteront » chez le maire pour *requérir* son assistance.... Si les » contrôleurs manquaient à présenter les faits dans *toute* » leur vérité, ils s'exposeraient à la *sévérité de l'adminis-* » *tration... Les percepteurs surnuméraires* sont mis à la » disposition du directeur, et ils concourront, comme les » contrôleurs *surnuméraires* et les *aspirans, au recense-* » *ment :* le directeur pourra ainsi adjoindre un aide à cha- » que contrôleur.... Le parcours du territoire fera décou- » vrir tous les nouveaux bâtimens qui doivent être cotisés » en accroissement du principal des contributions fonciè- » res et des portes et fenêtres.... En se rendant de mai- » son en maison, les contrôleurs recueilleront des ren- » seignemens sur tous les individus passibles de la taxe » personnelle, et sur leurs loyers d'habitation, etc... »

Voilà tout le système d'exécution : c'est ainsi que l'administration entend procéder au recensement général ; et c'est cet ensemble de mesures que je taxe d'odieuse illégalité.

Qu'est-ce que l'impôt? C'est un prélèvement que chaque citoyen fait sur sa fortune, pour se maintenir dans l'honorable et libre disposition de sa personne et de ses biens. Les deux grandes sources de l'impôt sont, d'une part, la contribution directe, qui émane directement du contribuable, et qui est censée être spontanée et volontaire; et, d'autre part, la contribution indirecte, qui se perçoit sur la consommation, et à l'insu, pour ainsi dire, du contribuable.

Il est vrai que les particuliers ne sont pas toujours également disposés à payer: et en cela ils sont excusables jusqu'à un certain point, à cause du détestable emploi que l'on donne aux deniers de l'impôt. Mais la spontanéité de la contribution directe est un principe qui n'a jamais été contesté, qui dérive de la nature même des choses, qui est attesté par le nom même de *directe* attaché à celui de contribution, qui a été constamment mis en pratique, et notamment sous l'empire de la Constituante. Ce principe, comme beaucoup d'autres, demeure quelquefois à l'état de fiction; mais il n'en est pas moins évident que le citoyen déclare ce qu'il est, ce qu'il fait, ce qu'il estime devoir à son pays, sauf à l'autorité établie dans l'intérêt de tous, à contester, à apprécier, à contrôler: et c'est pour cela précisément qu'on a institué avec raison des *contrôleurs* et des directeurs des contributions directes.

S'il est donc un point de départ nécessaire, c'est qu'avant de contrôler, ainsi que l'énonce le sens vulgaire de ce mot, il faut qu'il y ait eu une déclaration émanée du citoyen, ou de ses représentans ou délégués.

Dans l'organisation assez faible de nos communes, le maire n'est pas assurément un représentant bien vigoureux de la communauté; le conseil municipal n'est pas non plus un conseil de famille bien puissant: mais pourtant ce sont, jusqu'à un certain point, les mandataires de chaque habitant.

Si donc on avait demandé aux maires, aux conseils municipaux, aux notables qu'on aurait appelés du titre de *répartiteurs* ou *recenseurs*, une déclaration première au nom de tous les membres de la commune, et une appréciation tirée de la connaissance qu'ils peuvent avoir des hommes et des choses de la communauté, et si ensuite on avait appelé les contrôleurs à censurer et critiquer, on aurait obéi aux principes qui ont présidé à toutes les lois sur la matière. Mais peut-on concevoir que ce soit aux contrôleurs qu'on demande de faire précisément les déclarations qu'ils doivent contrôler? Conçoit-on qu'on appelle les maires à assister sans pouvoir, sans mandat, sans que leur parole puisse être consignée? N'est-ce pas là se jouer des principes, se moquer des autorités municipales, intervertir tous les rôles, et jeter la confusion dans tout ce qui a été élémentaire jusqu'à ce jour?

Mais enfin, est-ce M. Humann, qui exécute la loi, ou la loi elle-même, qui est coupable de cette étrange confusion?

Evidemment ce n'est pas la loi: elle ne dit nulle part que le recensement général aura lieu par les agens du fisc; elle n'est pas coupable de cette énormité. Puisqu'elle ne dit pas cela, elle ne répudie pas les premiers principes du droit; elle ne déroge pas aux élémens de la matière.

Mais, répondra peut-être M. Humann, les lois de 1807, art. 39, et d'avril 1832, art. 11 et 25, appellent le concours des directeurs des contributions directes, et leur imposent de dresser des tableaux annuels de ces contributions. Mais c'est précisément parce que ces tableaux sont annuels, et pour ainsi dire provisoires, qu'on les confie, durant l'intervalle des recensemens généraux, aux agens de l'administration. Autre chose est un travail transitoire, autre chose est le grand travail qui doit servir de base aux contributions futures. Les travaux annuels ne servent qu'à la répartition; les recensemens généraux doivent, au contraire, constituer la nouvelle assiette de l'impôt.

M. *Humann* dira-t-il, comme il l'a fait dans le *Moniteur*, qu'il ne s'agit pas encore de la répartition de l'impôt, et par conséquent qu'il n'est pas tenu de s'adresser aux répartiteurs communaux? Nous lui répondrons que nous sommes d'accord avec lui sur ce point, mais qu'il se trompe en voulant faire faire un recensement par ceux qui doivent le surveiller, et que nous demandons, non les répartiteurs en tant que répartiteurs, mais comme délégués des contribuables.

Le ministre ajoutera-t-il enfin que notre opinion conduirait au système des *dons volontaires*, et que chaque commune ne paiera que ce qu'elle voudra? Nous lui répondrons qu'il choisit un mauvais exemple, parce qu'il prouve ce que nous avancions, à savoir, qu'il a toujours été reconnu que la contribution directe était volontaire; mais que son objection tombe devant notre aveu que les contrôleurs et directeurs des contributions directes étaient nécessaires. Ainsi, qu'on critique, qu'on apprécie, qu'on expertise, s'il y a lieu, les déclarations des contribuables ou de leurs délégués ; c'est le droit et le devoir de l'autorité : mais, encore une fois, on ne doit pas, on ne peut pas frapper *à priori* tous les habitans et toutes les communes de suspicion, et donner à ceux qui vivent de l'impôt le soin de l'établir à leur fantaisie, et peut-être dans leur intérêt.

Le principe de la mesure fiscale est donc illégal : que dirons-nous des détails d'exécution ? L'énormité devient de plus en plus monstrueuse.

Quels sont les hommes que l'on place à côté des contrôleurs ? ce sont les percepteurs ou les collecteurs de taxes. Or, quel est l'intérêt particulier des percepteurs ? c'est d'augmenter le chiffre de la perception : car de ce chiffre dépend celui de leurs émolumens. Prenons pour exemple le percepteur d'une petite commune où il y a un établissement industriel d'une valeur arbitraire, comme un établissement thermal ou une forge. Si le percepteur parvient, à l'aide du contrôleur, qui ne demande pas mieux, et prouve ainsi son zèle et sa sagacité, à exagérer la valeur de l'établissement industriel, et à élever d'un tiers ou d'un quart la valeur imposable dans sa perception, il élèvera en même temps ses appointemens d'un dixième ou d'un cinquième. Est-il possible, je le demande, qu'on place ainsi les contribuables à la merci d'un intérêt, et qu'on mette ainsi un intérêt aux prises avec la conscience ?

Ce n'est pas tout : qu'est-ce donc que ces contrôleurs surnuméraires, percepteurs surnuméraires et auxiliaires, et aspirans au recensement ? Mais c'est toute une armée, c'est une invasion ! Quelles garanties avons-nous de la moralité, de l'intelligence, de la capacité et de l'impartialité de tous ces jeunes et avides solliciteurs de places ? Quelle est la loi qui autorise le ministre des finances et le directeur général des contributions à livrer la France à cette nuée de sauterelles ?

Serait-il vrai que dans la Côte-d'Or, à Beaune, on ait adjoint aux contrôleurs des employés des contributions indirectes, et qu'on ait forcé à introduire dans l'intérieur des maisons ceux qui jusqu'à ce jour n'avaient le droit que de pénétrer dans les caves ? Serait-il vrai que dans la même localité, sous le prétexte d'énumérer les pièces composant un appartement, on ait demandé l'ouverture de portes d'armoires ?

Tout est confusion, désordre et anarchie dans de semblables mesures, qui d'abord et avant tout sont illégales ; et le comble de l'illégalité, c'est la violation du domicile.

Vous enjoignez aux contrôleurs et à leurs auxiliaires d'aller de *maison en maison ;* vous leur enjoignez de prendre une *connaissance plus exacte des locaux occupés par les commerçans et industriels*, et vous vous étonnez de la résistance et des réclamations des citoyens ! Mais ignorez-vous que ce sont des visites domiciliaires ?

Et c'est en 1841, sous un ministère qui a des prétentions au dogmatisme, faute de meilleures et plus nationales prétentions, que nous voyons ordonner et pratiquer l'oubli de notre premier droit politique, l'inviolabilité de notre domicile ! Pour arriver au niveau de vos dépenses, que vous n'atteindrez jamais, parce que vous savez bien ce qu'il en coûte d'argent pour gouverner à votre manière, ministres doctrinaires ! vous oubliez que, même sous l'ancien régime, on avait admis la maxime : *Le charbonnier est maître chez lui.*

Que l'on conteste, s'il y a lieu, la déclaration d'un citoyen ou d'un maire ; qu'on critique l'évaluation ; qu'on établisse un autre chiffre, et que, si le citoyen persiste et ouvre sa maison, vous y pénétriez de son consentement : cela se conçoit et se justifie ; mais réclamer *à priori* l'ouverture des maisons, et proclamer la profanation du domicile privé, c'est incompréhensible !

Et quand on songe à ce qu'on fera de tout cet argent exprimé avec tant de labeurs et de fautes !..... quand on se représente où doivent s'enfouir les revenus de ces impôts et de ces tortures !.....

L'illégalité est établie surabondamment. Dans ma troisième lettre j'établirai l'iniquité du recensement ordonné par le ministre des finances, à notre confusion et à la sienne.

TROISIÈME LETTRE.

❖══❖

INIQUITÉ DU MODE DE RECENSEMENT DANS SON PRINCIPE
ET DANS SES DÉTAILS.

J'ai dit en second lieu, et je maintiens, que les mesures financières ordonnées par M. Humann pour parvenir au recensement général sont iniques, et je le prouverai en peu de mots.

Ce qu'il y a de plus étrange encore que la prétention à la légalité dans le système que nous repoussons, c'est la prétention à la moralité. Dans ses journaux officiels, le ministère, en insérant son apologie, n'a pas craint d'écrire en toutes lettres que ses instructions pour le recensement étaient pleines de moralité et de libéralité. Si ce langage n'est pas sérieux, il faut plaindre le pays qui tolère d'aussi odieux persifflages; si cette parole est sérieuse, il faut plaindre l'aveuglement du ministre, et toujours le pays, qui pâtit également des mensonges ou de l'aveuglement de ses administrateurs.

De deux choses l'une, M. Humann : ou votre mode de recensement général a pour but nécessaire d'augmenter, de doubler, de décupler les contributions directes autres que l'impôt terrier proprement dit, et alors vous avez volontairement et sciemment commis une inexactitude dans vos proclamations et vos journaux; ou votre but a été réellement de changer l'assiette de l'impôt sans en changer le chiffre, d'exonérer les riches au détriment des pauvres, d'alléger les châteaux et maisons de campagne, en faisant concourir à l'impôt les granges, masures et cabanes qui avaient été omises, et notamment à Paris, de faire payer des patentes à vingt mille ouvriers en chambre, pour venir en aide aux riches négocians et banquiers, aux *Delessert* et aux Rothschild.

Vous ne pouvez pas sortir de ce dilemme : il faut choisir oui ou non. Avez-vous voulu changer le chiffre? Si vous l'avez voulu, pourquoi avez-vous dit le contraire notamment dans votre article justificatif du *Moniteur* du 25 juillet dernier? Si vous ne l'avez pas voulu, vous avez donc voulu favoriser les grosses cotes de contributions, au détriment des petites qui avaient été inaperçues jusqu'à ce jour.

Mais, j'ai hâte de le dire, je ne crois pas qu'on ait voulu réellement favoriser les plus riches : on a eu l'intention de créer de nouvelles ressources à la suite de celles qui existaient déjà; et, quand on a commencé à comprendre le péril de la situation, l'illégalité de la voie qu'on avait ouverte, on s'est défendu en se faisant plus pervers qu'on ne l'avait jamais été, et en disant qu'on cherchait un équilibre, quand c'étaient de nouveaux impôts; qu'on faisait de la libéralité, quand c'était de l'arbitraire. *Omnis homo mendax.*

Ce n'est pas tout : c'est que la base de ces nouvelles charges, et le mode de recensement général, sont de toute iniquité.

En effet, nous n'avons jamais pu admettre en France le principe de l'impôt proportionnel. Nous avons constamment repoussé cette manière d'appliquer les charges publiques proportionnellement aux fortunes, et eu égard à l'importance des ressources de chaque habitant; nous avons pensé qu'on ne pourrait établir et maintenir ce système proportionnel qu'à l'aide de vexations journalières, et au moyen d'une persévérante inquisition. La liberté en cela a triomphé chez nous d'une justice sauvage; et, pour laisser aux citoyens les premiers droits de la civilisation, qui sont l'inviolabilité du domicile, le secret des familles, l'indépendance des mœurs et habitudes, et la sainteté du foyer domestique, on a renoncé à exiger des habitans une part d'impôt rigoureusement proportionnée à leurs richesses.

Néanmoins, l'admirable organisation civile qui date de la constituante et de l'empire, en repoussant le principe de l'impôt proportionnel, en a admis la pratique jusqu'à une certaine mesure. Cette transaction est venue jusqu'à M. Humann, qui la repousse dans ses règlemens et ses circulaires, et qui veut établir la nouvelle assiette de l'impôt sur des chiffres seuls, sans aucune appréciation morale et miséricordieuse.

On conçoit que, pour les terres, le cadastre puisse d'une manière uniforme et fixe les classer et les soumettre à l'impôt; mais quant à la taxe personnelle, quant aux valeurs locatives, quant aux patentes, et même quant aux portes et fenêtres, il doit y avoir nécessairement une appréciation un peu arbitraire si l'on veut, mais équitable et proportionnelle.

C'est ce qui a toujours eu lieu jusqu'à ce jour, sans réclamation : pourvu que l'impôt soit payé, et qu'il ne soit pas méchamment ou frauduleusement appliqué, l'administration n'a aucun droit et aucun intérêt à savoir si l'on a dénombré avec rigueur les ouvertures de quelques pauvres chaumières, ou si l'on a évalué la valeur mobilière des lieux occupés par des malheureux. Vouloir établir l'impôt direct en fouillant ses bases, en scalpant ses plus petites ramifications, et puis en posant des chiffres sans entrailles, ce n'est pas de la justice, c'est de la brutalité; ce n'est pas de l'équilibre, c'est de la sauvagerie.

Les départemens sont riches ou pauvres, tout le monde le sait et le comprend; et ils sont classés, quant à l'impôt, non eu égard au nombre constaté, par exemple, des propriétés bâties et des portes et fenêtres, mais eu égard à une notoriété qui n'est pas contestable. D'ailleurs, cette classification, s'il fallait la refaire, est assez grave pour mériter une discussion dans les chambres.

Chaque département, ayant sa part dans la masse de l'impôt, la répartit à son tour dans les divers arrondissemens, qui ne sont pas non plus classés sur des chiffres, mais sur une appréciation morale. Les cantons viennent ensuite, les communes après, et en définitive les habitans ou les contribuables.

Dans cette filière de l'impôt, tout est proportionnel et équitable, quoique en droit l'impôt ne soit pas proportionnel. M. Humann change tout cela de son autorité privée. Le gouvernement, jusqu'à ce jour, demandait un chiffre, et puis les départemens, arrondissemens, cantons et communes, s'abonnaient, pour ainsi dire, pour faire ce qu'on avait demandé. Il y avait, de la part de l'autorité, quelque chose de paternel ; il y avait association et fraternité de la part des contribuables. En commençant, au contraire, au rebours de ce qui a été fait jusqu'ici, il ne s'agit plus de savoir ce dont l'état a besoin, mais ce que les citoyens peuvent donner ; il ne s'agit plus de presser les contribuables jusqu'à concurrence des exigences publiques, mais de faire payer aux contribuables tout ce qu'il leur est possible de payer : ce n'est plus un sacrifice qu'on exige d'eux, c'est une dette impérieuse qu'on leur réclame. Il n'y a plus aucune espérance d'allégement, les sucs doivent être exprimés et épuisés ; le mal est sans remède, l'iniquité est comble.

Mais supposons que je me trompe, et que le ministre ait raison dans ses prétentions nouvelles : au moins chacun conviendra que le changement est immense, et qu'une révolution aussi profonde dans l'assiette de l'impôt méritait la discussion des chambres. En pleine paix, on veut, suivant *l'expression ministérielle, faire rendre à l'impôt tout ce qu'on peut lui demander ;* on invente de nouveaux modes de succion, et l'on ne fait pas un appel consciencieux aux pouvoirs compétens , aux lumières et à l'intelligence du pays.

Mais j'ai l'intime conviction que je ne me trompe pas, et que c'est avec raison que je soutiens que le système antérieur à M. Humann était juste et équitable, et que le système de M. Humann est inique.

Que va-t-il arriver ? Voici venir les agens du fisc ; ils envahissent les communes, dénombrent les hommes, comptent les maisons, additionnent les portes et fenêtres, évaluent les valeurs locatives, apprécient les commerces et les industries, posent des chiffres partout, les divisent par colonnes, et puis en adressent les totaux à leurs supérieurs ; et ceux-ci les transmettent au ministre des finances, lequel dira, en groupant de nouveau et remaniant toutes ces additions : L'impôt est susceptible d'augmentation, il peut être doublé, triplé ou décuplé.

Et on n'aura pas fait attention que dans telle commune d'un pays pierreux, toutes les chaumières sont bâties en pierres, et ont une grande quantité de portes et de fenêtres qui ne sont pas un signe de richesse ; on n'aura pas réfléchi que dans telle commune dans les montagnes, les habitans, étant environnés de neiges pendant quatre ou cinq mois de l'année, sont obligés, pour vivre, d'être tabletiers, ébénistes ou horlogers, et ne peuvent pour cela être soumis à une patente. On n'aura pas vu que dans tel misérable vignoble, l'habitant vend son vin sans obtenir les bénéfices d'un cabaretier; que dans telle autre localité, l'habitant emploie ses chevaux à voiturer des bois, sans être voiturier.

A Paris, il y a iniquité à frapper d'une patente l'ouvrier qui travaille dans sa chambre pour le compte d'autrui: ce n'est pas lui qui a le bénéfice, ce n'est pas lui qui a l'honneur; on ne doit pas lui disputer le modeste avantage de son obscurité.

A Lyon, l'iniquité serait évidente si on recherchait l'ouvrier en métier qui est tâcheron, qui ne met pas son nom sur les étoffes auxquelles il a concouru, et qui a tant de peine à alimenter sa famille en mettant en œuvre ces richesses de l'art qui ne l'enrichissent pas.

Rien n'est absurde comme un chiffre quand il s'agit d'appréciation morale. Rien n'est absurde, par exemple, comme de faire figurer dans la même colonne de chiffres le jour qui éclaire à peine une chaumière, le foyer qui réchauffe toute une pauvre famille, et les brillantes ouvertures qui inondent un palais d'air et de lumière, et les fantastiques cheminées qui charment les yeux des hommes opulens. Le prétendu équilibre de M. Humann serait un crime moral, sa prétendue égalité serait une amère dérision.

Je ne suis pas plus partisan qu'un autre du principe de l'impôt proportionnel; mais j'avoue hautement toutes mes sympathies pour la pratique transactionnelle suivie jusqu'à ce jour, et je répète que le changement tenté par M. Humann est une théorie injuste et sans pitié.

Prenez garde, M. Humann: votre intention n'est pas sans doute de donner raison aux rêves des communistes et des mutuellistes; mais, si ce qu'on dit d'eux est vrai, s'ils veulent réellement se partager les richesses du pays, savez-vous bien qu'ils pourront s'appuyer de vos principes et de votre pratique en matière d'impôts? S'il est rigoureusement vrai que l'impôt doit être nivelé sans aucune acception de personne et de position sociale, si le pauvre doit à l'état autant que le riche, savez-vous bien qu'il pourra prétendre à posséder autant que le riche, puisqu'il paie autant que lui?

Votre système est tout aussi faux dans son genre, que le

rêve de ceux qui veulent nous ramener au moyen âge. Le niveau de votre impôt est tout aussi inapplicable que le niveau des *Babouvistes*. La civilisation se confond avec la propriété, et la propriété est par nécessité inégalement répartie entre les hommes. Quoi qu'il arrive, nous ne pourrons pas faire que les classes les plus nombreuses ne soient pas les plus pauvres et ne paient pas la plus grande part des impôts publics; quoi qu'il arrive, nous ne pourrons pas faire que ceux qui ont beaucoup soient la majorité, et que ceux qui ont peu soient l'exception. C'est, si l'on veut, une imperfection de notre nature; ou plutôt c'est l'admirable sanction de cette première loi du travail, qui fait la force et la richesse de tous. Mais, si nous ne pouvons rendre les malheureux riches, nous pouvons alléger leurs fardeaux, consoler leur misère, et soustraire, autant qu'il est en nous, leurs moyens de travail à l'action désastreuse des charges publiques.

Que ceux qui aiment les chiffres et qui en font la base de leur statistique morale et fiscale, veuillent bien additionner les journées de travail d'un ouvrier qui gagne un franc 25 centimes par jour, et ses bénéfices au bout de l'année; qu'ils se demandent après cela si la surcharge, même la plus légère, soit à raison d'une valeur locative, soit à raison des lucarnes d'un grenier, soit à raison d'un droit de patente, ne morcellerait pas le pain nécessaire à sa pauvre famille? Que ferez-vous avec vos dénombremens sans moralité, avec vos perceptions impitoyables et votre recensement aveugle? Vous serez obligés de vous arrêter, et de classer, pour mémoire, et dans les recouvremens impossibles, la plupart de ces sommes que vous aurez fait figurer dans l'actif de la fortune publique; vous n'en aurez pas moins ruiné quelques ouvriers, chassé quelques familles de leurs chaumières, tari quelques gouttes de ce sang que vous achetez pour racheter vos enfans, et de ce lait qui les alimente dans leur bas âge.

Cette iniquité dont j'accuse le système de M. Humann, je ne l'ai encore considérée que dans l'ensemble de ce système, et il me reste à la considérer très-brièvement dans ses détails.

Les agens du fisc *iront de maison en maison*, et prendront une connaissance plus approfondie des *locaux occupés* par les *commerçans et industriels;* mais compulseront-ils les registres d'un notaire, d'un avoué, d'un huissier, pour savoir s'il fait la banque, et s'il y a lieu de le soumettre à une patente de banquier? compulseront-ils les livres d'un capitaliste, pour savoir s'il est associé d'un agent de change? ouvriront-ils le bureau d'un négociant, pour savoir s'il n'est pas devenu courtier en marchandises?

On peut s'occuper de médecine sans être médecin, de chimie sans être chimiste ou pharmacien, et de botanique sans être herboriste. Tel artiste se forme à l'aide d'un travail solitaire, tel mécanicien s'occupe en secret de la solution d'un problème et d'une invention, et il faudra entrer en discussion avec les agens du fisc sur tout cela! Mais, dira-t-on, on n'ira pas si loin: je le crois; mais on n'aura pas moins le droit de vexer les citoyens, de leur demander compte de leurs secrets, et de violer l'avenir de leur espérance.

Et qui sait si la politique ne s'emparera pas de cette inquisition universelle! Qui sait si dans cette poursuite fiscale vous ne demanderez pas aux uns, pour les vexer, ce que vous n'exigerez pas des autres pour les protéger? Il y aura encore de l'arbitraire, et cette fois ce ne seront pas des *concitoyens* et des pères de famille qui l'exerceront.

Supposez qu'une pauvre mère de famille, déchue de sa position et de sa fortune, travaille de ses mains pour élever ses enfans; supposez que ses filles travaillent à ses côtés: les classerez-vous marchandes de modes, de lingerie ou de nouveautés? Sans doute, vous ne flétririez pas la résignation et le malheur; vous ne déshonoreriez pas les plus nobles efforts de la vertu; mais enfin vous êtes hommes; possesseurs d'un secret, vous pouvez le divulguer; et d'ailleurs, dans une société civilisée, l'existence d'un pareil droit et la possibilité d'un pareil abus sont intolérables.

En thèse générale, n'est pas marchand et négociant qui ne veut. Quand on ouvre une boutique, quand on prend une enseigne, quand on réclame une patente, on sollicite de l'autorité publique une protection spéciale à raison de laquelle on devient débiteur du fisc. Jusque là, sauf quelques exceptions prévues par les lois commerciales, on n'est pas plus marchand que le propriétaire qui vend son blé et son vin. Il est bon de taxer les bénéfices, mais il est dangereux de tarifer un travail dont les produits sont inconnus. Pour les arts d'agrément, pour les sciences, pour la mécanique, il faut souvent beaucoup d'essais et un religieux recueillement; si votre avidité fiscale vient brutalement heurter le travail dans ses utiles préoccupations, vous vous exposez à le dessécher dans son germe.

Pour tout homme sérieux qui réfléchira aux désordres incessans et funestes que nous venons d'esquisser rapidement, il résultera que le mode de recensement général ordonné par M. Humann n'a pas été l'objet d'un examen sérieux; que, rassurés par l'autorité et la parole de *Mazarin*, nos ministres ont cru que les *Français pourraient bien un peu crier, mais qu'ils paieraient;* et qu'enfin, sans trop savoir ou ils allaient, MM. Guizot et Humann, pour se procurer de plus abondantes ressources, ont compté sur la longanimité du pays.

C'est dans des circonstances semblables que la liberté de la presse se fait pardonner bien des torts, et révèle toute son utilité et sa puissance. Autrefois il n'y avait qu'une révolte qui pût sauver le pays d'une mesure fiscale; les représentations des parlemens n'avaient d'autorité que lorsqu'elles étaient l'écho du sentiment populaire : aujourd'hui le droit de contrôle et de censure n'exige pas le développement d'une force brutale, il émane de l'intelligence et s'adresse aux convictions. Nous devons donc espérer que, grace aux efforts unanimes de la presse indépendante, on viendra à bout de délivrer le pays de ce ministère doctrinaire qui, en faisant bon marché de l'honneur national, n'en a pas moins été plus avide qu'aucun autre de l'argent des contribuables, et qui a couronné toutes nos humiliations extérieures et intérieures en voulant soumettre la France à un régime d'inquisition fiscale, à une illégalité sans exemple, et à une iniquité sans mesure.

QUATRIÈME LETTRE.

INCONSTITUTIONNALITÉ DE LA MESURE.

J'ai peu de mots à ajouter aux observations critiques que j'ai présentées sur le mode de recensement ordonné par M. le ministre des finances. Le conseil municipal de Dijon, dans un arrêté plein de modération et de fermeté, a jugé d'ailleurs la question d'une manière définitive et souveraine; le conseil municipal de Seurre a rendu une décision analogue: il me reste donc bien peu de chose à dire; car je n'ai eu la prétention ni d'épuiser le sujet, ni même de l'envisager sous toutes ses faces. Mon intention a été seulement de vulgariser quelques idées générales en matière d'impôts, et de faire comprendre au pays que l'opposition aux mesures de M. Humann n'était pas de l'égoïsme mal appris, mais le résultat d'un examen sérieux et de convictions indépendantes de tout intérêt personnel.

Honneur au conseil municipal de Dijon, qui, *à l'unanimité*, a donné à l'administration une leçon de légalité! *Si la liberté était bannie de la terre, elle devrait se retrouver au sein des institutions municipales!* Il importe peu que beaucoup de communes aient subi les exigences de l'autorité supérieure qui doit avoir, et avec raison, beaucoup d'empire sur elles; mais il importe beaucoup que, dans quelques villes importantes, les vrais principes soient proclamés dans les termes et les limites du droit, et qu'on y proteste contre l'illégalité.

Si M. Humann avait entendu faire opérer par ses agens une statistique officieuse et un recensement de fantaisie, pour faire de ces documens sans authenticité l'usage et l'emploi déterminés dans sa sagesse, il aurait pu faire ce qu'il aurait voulu dans le cercle des attributions de ses fonctionnaires; ensuite il aurait pu en constituer la base d'un projet de loi, d'un discours aux chambres, ou d'un travail qu'il aurait soumis à l'Académie des sciences morales et politiques. Le mémoire de *M. Humann* eût pu lui faire donner le fauteuil vacant à l'Académie, et lui aurait mérité les éloges du statisticien M. le baron Charles Dupin, ou du philosophique auteur *des Compensations*, M. Azaïs. Mais, du moment qu'il s'agissait de *requérir les autorités municipales* d'envahir *les maisons*, et d'apprécier de haute lutte la fortune et *les moyens d'existence* de chaque habitant, il devenait évident pour tout le monde que le recensement ordonné, quel que pût être son but, était une mesure illégale et inique, ainsi que je crois l'avoir démontré. J'ajoute, en terminant, que cette mesure est inconstitutionnelle.

Les actes de l'administration peuvent porter atteinte aux lois fondamentales du pays, ils peuvent violer la morale et la raison publique, et n'être pas inconstitutionnels. Ce n'est malheureusement ni un paradoxe ni un blasphême : il est de principe que dans un gouvernement représentatif les trois pouvoirs peuvent tout faire, excepté changer *un homme en femme, et une femme en homme ;* et il faut bien avouer que dans l'enceinte de pareilles limites il y a beaucoup d'illégalités et d'iniquités ! Nous pourrions même ne pas aller aussi loin pour citer plusieurs exemples fameux, mais ce n'est pas notre sujet.

Dans la question spéciale qui nous occupe, si le ministre des finances était venu dire aux chambres que, pour obtenir de nouvelles ressources fiscales, il proposait de changer le mode de recensement général et de le faire opérer par les agens mêmes du fisc, et si les chambres avaient accueilli cette proposition et l'avaient votée, ce serait assurément une mauvaise loi, mais sa mise à exécution serait constitutionnelle.

Durant la discussion du projet de loi, on aurait sans doute démontré qu'il renversait les principes élémentaires sur lesquels repose la contribution directe ; on aurait sans doute prouvé que l'avidité du fisc violait le domicile des citoyens, et tendait à constituer une inquisition détestable ; ces argumens et beaucoup d'autres auraient peut-être entraîné le rejet du projet Humann : mais enfin, si le ministre des finances l'avait emporté, si le génie du fisc avait gagné sa bataille de Waterloo, il aurait bien fallu se soumettre et attendre des temps meilleurs.

Mais il n'en est rien. Il n'y a pas autre chose qu'une volonté ministérielle agissant sans l'agrément des chambres et contre leur volonté, jusqu'à preuve contraire.

Le malheureux préfet de Toulouse, M. Floret, a douté un instant de l'infaillibilité du ministère: le ministère, avec une intolérance vraiment ultramontaine, l'a puni de son hésitation. Et cependant il n'est pas un homme de bon sens qui ne trouve que cet infortuné fonctionnaire avait quelques raisons de douter, et qu'il n'était même guère exigeant. Quoi qu'il en soit, dans cette mesure comme dans toutes celles qui ont suivi, on ne sait quoi le plus déplorer, ou de l'excès d'outrecuidance, ou de l'excès d'aveuglement.

Qui voudrait sérieusement soutenir qu'un ministère puisse, en l'absence des chambres, créer et rendre obligatoires des modes d'exécution nouveaux, insolites, et dérogeant au droit public des citoyens?

Qui voudrait sérieusement soutenir qu'un ministère puisse, en l'absence des chambres, changer les rôles et les attributions des autorités constituées, et mettre les municipalités à la disposition des contrôleurs de finances?

Qui voudrait sérieusement soutenir qu'un ministère puisse, en l'absence des chambres, ordonner dans l'intérêt du fisc une visite domiciliaire sur toute la surface de la France?

Qui voudrait sérieusement soutenir qu'un ministère puisse, en l'absence des chambres, prendre l'initiative d'une aggravation des charges publiques et d'une augmentation dans les impôts?

Qu'on ne s'y trompe pas. Quelque grande que soit l'inconstitutionnalité des mesures ordonnées, je ne crains pas de dire qu'on avait le projet d'aller encore plus loin. Si l'opinion publique ne se fût pas éveillée, si la conscience du pays ne se fût pas alarmée, on aurait profité d'un recensement général fait sans bruit, pour consacrer d'abord l'autorité des contrôleurs, la violation des domiciles et l'inquisition fiscale, et pour obtenir ensuite sur les premiers rôles de contributions directes *une perception plus considérable*. On aurait régularisé par des ordonnances la surcharge des chiffres tant au chapitre des portes et fenêtres, par exemple, qu'au chapitre des patentes; et on aurait enfin consacré l'accroissement de l'impôt par quelque article transitoire à la suite de quelque loi des comptes. Et c'est ainsi que MM. Guizot et Humann auraient attenté au premier droit constitutionnel qui garantit tous les autres, et qui consiste dans le vote des subsides par les chambres.

On niera peut-être la conséquence des mesures de M. le ministre des finances; quant à moi, le désaveu n'ébranlera pas mes convictions. La tentative est tellement inconstitutionnelle, qu'elle ne peut laisser aucun doute sur l'intention que ses auteurs devaient avoir d'en profiter.

Il faut reconnaître qu'en général on ne s'occupe pas assez de toutes les questions qui touchent à l'impôt; et cependant le vote des subsides est le seul moyen donné au pays d'obtenir la sanction de ses droits et la réparation des abus. C'est par cette raison que la charte donne à la chambre des députés l'initiative de l'impôt annuel; or, si l'on veut savoir combien de soins et de temps la chambre des députés met à l'examen du budget, il n'y a qu'à lire le *Moniteur*.

Durant la première session qui suivit la révolution de juillet, on discuta quelques questions budgétaires, et on parvint à faire quelques économies. Depuis, on est revenu sur les plus faibles retranchemens, et on ne pense plus guère au budget que pour le voter.

Tout se lie en politique. Les questions de liberté et d'ordre sont intimement unies avec les questions d'économie et de finances. L'économie fait plus pour la grandeur et la force du pays que le vote de plusieurs centaines de millions. Il y a plus de courage et d'avenir dans la probité de quelques hommes de bien que dans l'illustration des dignitaires de l'État. Les notabilités locales et les fonctionnaires de toutes les hiérarchies ne sont que trop représentés dans les chambres: leurs droits y sont si bien défendus, qu'on ajoute chaque année à l'appréciation de leurs services, et qu'on ne retranche jamais rien aux salaires. Il en résulte que le budget s'accroît, à raison de l'accroissement simultané de tous les services, et que d'un milliard qu'il était à l'époque de la révolution de 1830, il est déja parvenu à plus de deux milliards, et il menace d'en engloutir un troisième. Parallèlement à cette exagération de dépenses, on parle d'emprunt, sans songer que c'est la banqueroute qu'on propose. Serait-il donc vrai qu'il y ait des hommes qui n'espèrent administrer tranquillement la France qu'après l'avoir ruinée et l'avoir réduite à l'impuissance?

J'ose dire qu'il y a un remède à tous ces maux, et qu'il est entre les mains des électeurs.

Ne nommer députés que ceux qui se seront positivement engagés à faire de notables économies, et notamment dans le personnel de toutes les administrations.

Le budget peut être réduit de plus de moitié: il serait encore plus lourd qu'en 1829. J'ai déja dit cela, et je l'ai prouvé. Et si la majorité des députés arrivait à la chambre avec l'engagement formel de faire de grandes réductions dans les personnels des administrations publiques, on n'y gagnerait pas seulement l'économie de quelques traitemens, mais encore, et ce qui est bien plus important, on y gagnerait de mettre un frein à l'envahissement des fonctionnaires électeurs et députés. La corruption serait sinon détruite, au moins arrêtée ; la séduction serait paralysée du moins en partie. En cherchant autour de soi le moyen de remplir son engagement, on découvrirait les abus et on ferait des réformes. Il faudrait moins songer à la triste facilité des emprunts, et il faudrait renoncer aux augmentations de salaires.

Ce serait une immense amélioration tant financière que morale, et la société y gagnerait, parce qu'elle paierait moins d'impôts, et parce qu'il y aurait moins de corruption.

Et croyez-vous que si le budget était diminué de moitié, si l'impôt était moins exigeant, si on renonçait à l'inquisition fiscale de M. Humann, si on renonçait à faire un nouvel appel au crédit, croyez-vous que la France ne fût pas réellement plus forte, plus énergique et mieux préparée à tous les évènemens ?

Il faut de l'argent pour faire, si l'honneur le commande, la guerre sur terre et sur mer. Il faut de l'argent pour soutenir l'honneur du pavillon français qui couvre et protège notre commerce et notre industrie. Il faut de l'argent pour protéger efficacement notre agriculture. Il faut de l'argent, enfin, pour maintenir en Europe la France au rang de puissance de premier ordre, dont elle ne saurait déchoir sans honte et sans trahison. Et aurez-vous cet argent si, comme le veut M. Humann, vous exprimez en pleine paix et sans besoins urgens, à l'aide des plus rigoureuses pressions et des plus désastreuses tortures, *tout ce que peut rendre l'impôt?* et tout cela encore pour satisfaire quelques avidités, et pour assouvir quelques corruptions insatiables !...

Auguste PORTALIS.

DIJON, IMPRIMERIE DE DOUILLIER.